Jörg Müller

Noch ein Christ...

Andere Ungereimtheiten eines Betroffenen

Mit Illustrationen von Klaus Georg Müller

J. F. Steinkopf

Widmung

Ein Christ mit Namen Alex D.
ist Freund von mir und schwer o.k.
Sein Witz beflügelte mich oft,
mir 'n Reim zu machen unverhofft
auf das, was hier befindlich.
Ich danke ihm verbindlich.

CIP-Titelaufnahme der Deutschen Bibliothek

Müller, Jörg:
Noch ein Christ ... : andere Ungereimtheiten e. Betroffenen / Jörg Müller. Mit Ill. von Klaus Georg Müller. – Stuttgart ; Hamburg : Steinkopf, 1990
ISBN 3-7984-0694-4

1 2 3 4 5 97 95 93 91 90

Einbandgestaltung und Illustrationen: Klaus Georg Müller, München
Reproduktionen: pkom Ulf Dengler, Stuttgart
Satz: Setzerei Lihs, Ludwigsburg
Druck und Bindung: Clausen & Bosse, Leck

Geschenk des Himmels

Ein Christ will in den Himmel kommen
auf Grund von Taten, von sehr frommen.
Es ärgert ihn, wenn jemand schwächer
als er ist: wie der rechte Schächer,
der ohne jede fromme Tat
zum Himmel kommt allein durch Gnad'.
Denn unser Christ glaubt bis zum Schluß,
daß ein Geschenk verdient sein muß.

Hunger

Ein Christ, der sich für minderwert
empfindet, lebt und denkt verkehrt.
Er lehnt sich ab, hält sich stets fern
und hat zum Fressen sich nicht gern.

So stellt sich schließlich Hunger ein.
Er frißt den Kummer in sich rein,
doch weil er sich zum Kotzen ist,
wird er nie satt, obgleich er frißt.

Die Liebe ist es, die ihm fehlt,
weshalb der Hunger ihn so quält.
Jedoch ein Christ in solcher Not
lebt auch vom Wort, nicht nur vom Brot.

Organsprache

Ein Christ hat manchmal Ärger auch.
Der Zorn, der sitzt ihm tief im Bauch.
Der Blutdruck steigt, er kocht vor Wut,
die Haut schlägt aus, weil er's nicht tut.
Sein Hals ist dick, er hüstelt still,
weil er schon lang 'was husten will.
Sein Herz ist eng, es drückt der Schuh,
die Nas' ist voll, der Enddarm zu.
So ist er krank, weil er gekränkt,
und was die Leute denken, denkt.
Die Bibel sagt es: Schweigt dein Mund,
dann tun es die Gebeine kund.[1]

Besiegt

Ein Christ, der in der Sünde fällt,
steht wieder auf, wenn auch geprellt.
Doch mancher hat den Aufstand leid
und ist zu kämpfen nicht bereit.
So fällt er hin, und weil das Siegen
ihm gar nicht liegt, bleibt er gleich liegen;
doch schlimmer als das Fallen ist
das Liegenbleiben eines Christ'.

---

[1] Ps 32,3 und Ps 38

Heil durch Unheil

Ein Christ ist krank, wird nicht gesund
und forscht nun nach dem tiefen Grund.
Da im Gebet erkennt sein Herz
die wahren Gründe für den Schmerz:
Zum ersten sieht er alles schief
und denkt von sich nur negativ;
daraus ergibt sich zweitens dann,
daß er auch nicht verzeihen kann.
Er straft sich selbst, und ihm wird klar,
was alles falsch gelaufen war.
Es ging ihm schlecht, und das war gut,
da Gott durch Krankheit heilen tut.

Freiheit

Ein Christ hat Angst, das, was er hat,
ganz plötzlich zu verlieren,
und sorgt sich um die Güter, statt
vor Gott sich zu genieren.
Als er dann losläßt den Besitz,
wird er ganz frei sogleich,
und es durchzuckt ihn wie ein Blitz:
Wer abgibt, der ist reich.

Die heilige Last

Ein Christ klagt, daß ein Schmerz sich strecke
auf der gesamten Schädeldecke.
Der Arzt empfiehlt ihm, nicht zu hasten,
nicht Wein zu trinken, mehr zu fasten,
sofort das Rauchen aufzugeben.
„Dies“, sagt der Christ, „hab ich im Leben
genau befolgt: Ich rauche nicht,
trink keinen Wein, üb’ stets Verzicht.“
„So“, meint der Arzt nicht sehr beglückt,
„dann ist’s der Heil’genschein, der drückt!“

Das Vorhaben

Ein Christ nimmt sich vor, künftig während
der Wochen
stets einmal zu fasten und deshalb aufs Kochen
fast ganz zu verzichten. Am Freitag beginnt er.
Der Freitag, er kommt, und auf einmal, da
find’ er
den Plan mit dem Fasten nicht gar mehr so toll.
So geht er zum Kühlschrank und schlägt sich
gut voll.
Da fängt sein Gewissen an, ihn zu belasten;
so schwört er bei Gott, nächsten Freitag
zu fasten.

Dämokratie

Ein Christ ist krank, wird nicht gesund,
man findet dafür keinen Grund
und sagt ihm nun, daß wohl Dämonen
in seinem kranken Hirne wohnen.
Doch da Okkultes er nie tat,
ist teuer der okkulte Rat.
So ahnt man nun, daß seine Ahnen
geraten sind auf schiefe Bahnen
und wird beim Suchen recht bald fündig:
Verwünschung ist's, sagt man ihm bündig.
Der gute Christ wehrt sich, sagt: „Nein,
da müssen and're Gründe sein!"
Doch diese Reaktion wird nun
Beweisstück für okkultes Tun.
Er kann sich drehen, kann sich winden,
er wird hier kein Verständnis finden.
So arrangiert er sich zuletzt
mit diesem Tatbestand und setzt
sich selber in den kranken Kopf,
verwünscht zu sein, der arme Tropf.
Und wieder siegte Satans Hohn:
Dämokratie durch Suggestion.

Späte Einsicht

Ein Christ ist plötzlich arg verstört,
weil Gott sein Bitten nicht erhört.
Er sagt zum Boß: „Wenn dein und mein
Wille endlich überein-
stimmen würden, wär ich high."
Gott spricht: „Gut, mein Sohn, es sei!"

Alles, was der Christ erbat,
setzte Gott um in die Tat.
Nicht ein einz'ger Wunsch blieb offen.
Plötzlich wird der Christ betroffen,
denn er spürte jetzt, daß da
eine Leere in ihm war.

Und die Augen voll Gewässer
spricht er: „Gott, du kennst mich besser,
künftig bin ich dankbar dir
für die Bitten, die du mir
nicht erfüllst. Erhör' mein Fleh'n!"
Gott spricht: „Gut, es soll geschehn!"

Und der Christ erlebt nun Zeiten
voller unerhörter Pleiten.
Er bleibt treu auch in den harten
Jahren, denn er kann nun warten,
bis für manche seiner frommen
Bitten ist die Zeit gekommen.

Und die Zeit kam, und ihm war
nun sein größter Wunsch ganz klar:
„Gott“, so spricht er, „nimm mein Leben
und mein eitles Eigenstreben!
Dir zu dienen, das macht frei.“
Gott spricht: „Gut, mein Sohn, es sei!“

Seit der Zeit erfüllt der Christ
Gottes Wünsche und er ist
gänzlich frei. Er sagt: „Okay,
Gott, wie du willst, das gescheh!“

Gesetzlich

Ein Christ, der Ängste hat, hat Qual,
sein Leben zu riskieren;
er achtet stets auf die Moral,
den Ruf nicht zu verlieren.
So handelt er zwar richtig meist
im Sinne des Gesetzes,
doch kann er unbarmherzig sein
sogar im Namen Gottes.

Sie merken schon, es reimt sich nicht,
es ist auch nicht zum Lachen.
Bei diesen Dingen kann man sich
bei Gott kein'n Reim drauf machen.

Extreme

Ein Christ, der Demut übt, doch ohn'
das Gottvertrau'n, kriegt Depression.
Auch das Vertrauen, umgekehrt,
hat ohne Demut keinen Wert,
denn ohne diese wird der Christ
vermessen, was sehr töricht ist.
Weil Gott ihn liebt, so meint er nun,
könnt' er sich leisten jedes Tun.

Im Buch der Sprüche steht's. Es heißt:
„Der Tor läßt gehen sich, ist dreist."[1)]

Wahre Größe

Ein Christ, der allzugern den Leuten
den Kopf wäscht, will damit andeuten,
daß er ein bißchen größer ist.
Doch macht ein wahrhaft großer Christ
sich klein und will gern überraschen:
Er würde ihre Füße waschen.

---

1) Spr 14, 16.

GOTT LIEBT MICH!!!

Gutes Tun

Ein Christ erniedrigt sich und macht
sich selber schlecht in Anbetracht
der Ehre, die man ihm dann meist
nach Selbsterniedrigung erweist.[1])
So glaubt er auch, er sei im Recht,
wenn er sich hält für grundauf schlecht
und nicht mehr an die Gaben denkt,
die Gott in Liebe ihm geschenkt.
Doch wer sich selber nicht hat gern,
tut auch nichts Gutes. Spruch des Herrn.[2])
Drum sprich nicht ständig Schlechtes von
dir selbst, denn das tun andre schon.

Wagnis

Ein Christ, der zwanghaft akkurat
die Sünde meidet, tut sie grad.
Drum sollte er das Leben wagen;
denn die Verbissenheit macht krank.
Der Herr hat alle Schuld getragen,
auch die von morgen. Gott sei Dank.

---

1) Mt 18,4: Wer sich selbst erniedrigt, wird erhöht werden.
2) Sir 14,5 ff: Wer sich selbst nichts gönnt, wem kann der Gutes tun?

Irrtum

Ein Christ übt sich von Zeit zu Zeit
in Demut und Bescheidenheit.
Dann wird's ihm klar; er freut sich seiner:
An Demut übertrifft ihn keiner.

Die Erleuchtung

Ein Christ schweigt dreißig Tage lang.
Da wird es ihm im Herzen bang;
denn in der Stille wurd' ihm klar,
daß niemals er so christlich war,
wie andere ihn gerne sah'n,
die sich ihm stets als Freunde nah'n.
Was kreativ schien, war oft Flucht;
sein Helfenmüssen eine Sucht;
und da ein „Nein" ihm stets verhaßt
gewesen, war er angepaßt.
Selbst Demut und Bescheidenheit
war'n oft kaschierte Ängstlichkeit.
Ohn' daß er je bewußt getäuscht,
schien er für andere, mir deucht,
stets vorbildhaft. Welch eine Chance:
Ein Heiliger par excellence!

1. GROSSE TUGENDOLYMPIADE
DISZIPLIN DEMUT
2
1
3

Der Sieg

Ein Christ fühlt sich von Stolz belastet,
so daß er sieben Tage fastet.
Er steht das durch, ’s ist keine Frage,
doch meldet sich am siebten Tage
ein ungeheuer starker Durst
auf Bier und Gier auf eine Wurst.
Mit letzter Kraftreserve führt er
den Kampf dagegen, plötzlich spürt er,
wie stolz er würde, wenn er siegte,
und welchen Hochmut er dann kriegte.
Dies darf nicht sein. Er ißt die Wurst
und löscht den Stolz mitsamt dem Durst.

Kompromiß

Ein Christ soll mit den Armen gern
den Reichtum teilen. Spruch des Herrn.
Doch will er viel vom Leben haben
und sich an seinen Gütern laben,
bevor er tiefer sinkt ins Grab.
Zugleich will er es nicht verderben
mit Gott und schenkt den armen Erben
nach seinem Tod die ganze Hab’.
So bleibt ihm eines ganz gewiß:
Es war ein fauler Kompromiß.

Mißtrauen

Ein Christ hat ständig seine Sünden
vor Augen und will Ruhe finden.
So büßt er mit höchst akkuraten
Gebeten seine bösen Taten
und lindert seine Seelenqualen
mit Kerzen und mit Opferschalen.
Er ist zu glauben nicht bereit,
daß Gott bedingungslos verzeiht.

Der pharisäische Zöllner

Ein Christ, der seine eignen Schatten
sich nie und nimmer will gestatten,
neigt leicht dazu, des andern Sünden
für ganz besonders schlimm zu finden.
Indem er so die eignen Mängel
verdrängt, fühlt er sich stets als Engel.
Es ist die altbekannte Mär
vom Zöllner und vom Pharisäer.
Doch gibt's auch den, der sich nicht minder
betroffen fühlt als großer Sünder.
Er zählt sich zu den Zöllnern mehr
und dankt, daß er kein Pharisäer.

Gotteserfahrung

Ein Christ sucht Gott in seiner Stadt,
wo man IHN jüngst gesehen hat.
Er macht sich auf zu jenem Ort,
doch findet er nur Bettler dort.
So sucht er weiter sehr geschwind
und stößt dabei ein kleines Kind
fast um, das ihm im Wege steht,
und während er so weitergeht,
ruft ihm die Marktfrau etwas zu;
er denkt: „Jetzt nicht, laß mich in Ruh“,
und überholt rasch einen Blinden,
er will ja heute Gott noch finden.
Doch nichts geschieht, er ist enttäuscht
und geht nach Hause, und mir deucht,
daß unser Christ Gott übersah,
dem viermal er begegnet war.

Ganz normal

Ein Christ, der biblisch lebt, nicht statisch,
ist von Natur aus charismatisch.
Doch allzuoft stößt sein Bekenntnis
bei Christen auch auf Unverständnis.
Normal ist's; wurd' auch ER gestoßen
von Frommen, nicht von Glaubenslosen.

Der Schuldkomplex

Ein Christ wagt nicht aus Schuldgefühl,
sein Leben zu gestalten,
man tadelte zu oft und kühl
sein kindliches Verhalten.
Man sagte ihm, er könne nichts,
ins Grab brächt' er die Seinen;
so litt er unter dem Gesichts-
verlust und mußt' oft weinen.
Jetzt ist er nicht imstande mehr,
Gefühl und Schuld zu trennen,
er mußte stets, und das zu sehr,
unschuldig Schuld bekennen.

Lots Frau

Ein Christ wühlt in vergang'nen Tagen
nach der Erklärung seiner Plagen
und geht verkrampft den Lebenslauf
von Kindheit an herab, herauf.
Der stete Blick zurück im Zorn
verhindert seinen Blick nach vorn.
So wird er in der Rückwärtsschau
zur Salzsäule wie einst Lots Frau.[1])

---

[1]) 1 Mos 19,26.

Wort Gottes

Ein Christ liest in der Heil'gen Schrift
das Gotteswort, und plötzlich trifft
ein Satz ihn, der im Herzen brennt.
Er ist betroffen und erkennt
den Lebensweg im andern Licht.
Und die Moral von der Geschicht':
Suchst du ein Wort, das dich betrifft
und Richtung weist, lies in der Schrift!

Der Engel

Ein Christ wird früh am Morgen schon
vom Schlaf gestört durchs Telefon.
Er steht nun auf, und wie im Traum
begibt er sich zum Nebenraum,
wo leicht verschlafen und verstimmt
am Schreibtisch er den Hörer nimmt.
In dem Moment gibt's einen Krach
gar fürchterlich im Schlafgemach.
Der Christ läuft eilends hin zu schaun
und kann den Augen nicht ganz traun:
Die Decke aus Beton fiel runter;
das Bett ist weg; er läg' jetzt drunter.
Dem Christen wurde klar sodann:
Sein Engel rief ihn eben an!

Steckbrief

Ein Christ weiß sich geliebt vom Herrn
und hat drum selber auch sich gern,
kennt seine Gaben, setzt sie ein,
um Licht in dieser Welt zu sein.
Damit das Leben würzig werde,
ist er auch manchmal Salz der Erde
und hin und wieder Sauerteig;
das kostet Mut. Er ist nicht feig.
In Streitigkeiten geht er vor
mit Sachlichkeit und mit Humor.
Barmherzigkeit ist höher als
Gesetzestreue jedenfalls.
Und diese Haltung macht ihn eben
bereit, den Feinden zu vergeben.
Er kennt die Schrift, das Wort des Herrn,
bleibt sonntags nicht der Kirche fern,
ist für die Welt in Maßen offen,
kann auf den guten Ausgang hoffen.
Nun sage mir, mein lieber Christ,
ob du hier gut beschrieben bist?

Die Barmherzigkeit

Ein Christ kommt in den Himmel leichter
als in die Hölle. Das erreicht er
durch die Barmherzigkeit des Herrn:
Der hat den Sünder viel zu gern.

Gesucht:
Ein Christ.

Falsche Frömmigkeit

Ein Christ sucht nach der Frömmigkeit
und opfert dafür jede Zeit.
So geht er schon seit vielen Jahren
zu allen Bibelseminaren
und kauft die frömmsten Bücher auch,
nimmt teil an jedem frommen Brauch,
ist rührig für die Großpfarrei,
macht dies und das und allerlei.
Doch mag er schaffen, mag er machen,
trotz Emsigkeit und all der Sachen
erkennt er nun, daß er als Christ
kein bißchen fromm geworden ist.
Sehr spät folgt ihm die Einsicht dann,
daß man nicht alles „machen“ kann.

Satans Trick

Ein Christ weiß: Ist sein Glaube schwach,
legt ihn der Teufel gänzlich flach.
Und wer verzweifelt glaubt, der spürt,
wie er zum Übermaß verführt.
So lenkt der Satan die Probleme
je nach der Lage ins Extreme.
Da bleibt nur eins: Ein fester Glaube;
denn da macht er sich aus dem Staube.

Der Unterschied

Ein Christ mit Ängsten und mit Sorgen
lebt stets in Kummer wegen morgen.
Und von der Wiege bis zur Bahre
ist nun sein Leben voller Jahre.
Tät' er die Sorgen Gott abgeben,
wär'n seine Jahre voll mit Leben.

Das Wort

Ein Christ erfährt durch Zufall gar,
was and're von ihm reden.
Die Reden sind fürwahr nicht wahr,
nein, sie belügen jeden.

Was soll er tun? Das Wort ist Mord
an seinem Ruf und Namen.
Doch viele glauben diesem Wort,
dem bösen und infamen.

So bleibt ihm eines nur zu tun:
Er bringt das böse Morden
vor Gott hin und vertraut im Ruh'n
dem Wort, das Mensch geworden.

Macht des Gebetes

Ein Christ weiß, daß der Teufel tobt
vor Ohnmacht, wenn man Jesus lobt.
Drum, willst du ihn vom Leib dir halten,
mußt öfter du die Hände falten!

Falsche Demut

Ein Christ ist brav und angepaßt,
und wenn ihn jemand schlägt und haßt,
hält er die Wange hin.

Nach außen wirkt er sehr stabil
und nichts, so scheint es, wird zuviel.
Er ist von edlem Sinn.

Doch er verdrängt, und weil er schluckt,
sich nicht zur Wehr setzt, niemals muckt,
spürt er's im Magen drin.

Man sagte allzuoft: Sei still!
Im Fall, daß er sich wehren will.
Längst ist die Demut hin.

Es geht auch anders. Und man kann es!
Kapitel 18 bei Johannes,
Vers 23 hat auch Sinn.[1]

---

[1] Joh 18,23: Wenn es nicht recht war, was ich gesagt habe, dann weise es nach; wenn es aber recht war, warum schlägst du mich?

Das Gerücht

Ein Christ soll nie Gerüchten trau'n,
die so gewisse Leute brau'n.
Denn erstens fehlt das Fundament,
die Quelle, die man selten kennt.
Und zweitens glaubt man schließlich noch,
es gäb' ein Körnchen Wahrheit doch!
Und drittens ist der Inhalt meist
beschämend und besonders dreist.
Vor allem aber denk daran:
daß ein Gerücht Gericht sein kann.[1])

Jedem das Seine

Ein Christ hat Streit mit einem Christ,
der mehr als nur katholisch ist.
Das ist nicht grade ungewöhnlich.
Am Ende sagt der Christ versöhnlich:
Wir beide stehn demselben Herrn
zu Diensten. Und wir tun es gern.
Sie tun es, wie ich wirklich meine,
auf Ihre Art, ich auf die Seine.

---

[1]) Mt 12,36 + 37: „Über jedes unnütze Wort, das die Menschen reden, werden sie am Tag des Gerichts Rechenschaft ablegen müssen."

Unter uns: der Herr Preuß ist ein ganz übler Verleumder.
Unter uns: der Herr Bayer ist ein ganz übler Verleumder.

Sicher ist sicher

Ein Christ, der charismatisch lebt
und nach gewisser Ordnung strebt,
braucht nicht allein Geist, Sohn und Vater,
er braucht auch Regionalberater;
die ihrerseits und gottbefohlen
beim Bistumssprecher Rat sich holen.
Und der kriegt seinen Rat dann schon
vom Geist, vom Vater und vom Sohn.
Um Unklarheit nicht zu erleiden
und Fehler völlig zu vermeiden,
hat man, nun göttlich inspiriert,
den nationalen Rat kreiert.
Ein Ausschuß von Experten tut
den Geist dann prüfen. Das macht Mut.
Denn Sicherheit, die gibt auch meist
kein Sohn, kein Vater und kein Geist.

So oder so

Ein Christ hat Streit. Er ist im Recht,
doch schreit er bloß, und das ist schlecht.
Sein Gegner schreibt ihm einen Brief
im fairen Ton, doch sachlich schief.
So hat zuletzt bei dem Gefecht
ein jeder und doch keiner recht.

Heuchler

Ein Christ will nicht zur Kirche gehn,
um dort die Heuchler nicht zu sehn,
die allzu fromm am Sonntag tun.
Der Pfarrer hört's. Er sagt ihm: „Nun,
kein Grund zu flüchten, junger Mann.
Auf einen mehr kommt es nicht an!"

Geistesblitz

Ein Christ erkennt, daß selbst die Frommen
in seiner Kirche nicht vollkommen
und heilig sind; ja, es gibt Zeiten,
in denen sie sich häufig streiten.

So betet er an manchen Tagen
für all die Wunden, die sie schlagen;
er spricht zum Herrn und hebt die Hände,
daß ER den Geist noch einmal sende!

Der Geist, er kommt. Und unser Christ
erkennt, daß er ein Sünder ist,
dem Gottes Beistand zugesagt,
sooft er's mit der Kirche wagt.

Spitzfindiges

1.
Ein Christ fand heraus, daß in Afrika-Staaten
im Unterschied zu Generalvikariaten
die Posten auf hohen Kamelen sitzen
und schwitzen.

2.
Ein Christ meint, daß Ostern der Herr Jesus
Christ
zuerst von den Frauen geseh'n worden ist,
damit sich die Botschaft in Israels Weite
rascher verbreite.

3.
Ein Christ stellte fest, daß fürs chronische Fehlen
des Priesternachwuchses ein Grund nur kann
zählen:
Weil alle den Pflichtzölibat müssen leben.
Na eben!

Selbst-Mit-Leid

Ein Christ, der sich nicht leiden mag,
wird an sich leiden jeden Tag.
Doch wenn er in den Leiden stets
auch Wachstumschancen sieht, dann geht's.

Wüstenerfahrung

Ein Christ erfährt nach manchen Zeiten
der frohen Frömmigkeit auch Weiten
der Wüste und der Trockenheit.

Dann liegt er ziemlich auf der Nase
und sucht verzweifelt 'ne Oase;
die Wüste hat er gründlich leid.

Doch Gott läßt ihn die Weite spüren,
um in die Tiefe dann zu führen.
Und dazu braucht der Christ viel Zeit.

Kirche unterwegs

Ein Christ ruft im Verlauf des Lebens
sehr häufig seinen Pfarrer an;
doch da der gute Gottesmann
zu Haus nicht ist, ruft er vergebens.

Das geht dem Christen auf den Keks;
doch mit der Zeit, da wird ihm klar,
weshalb der Pfarrer oft so rar.
Man nennt das „Kirche unterwegs".

Weitere Bücher von Jörg Müller im J. F. Steinkopf Verlag Stuttgart:

Ein Christ ...
Gereimte Ungereimtheiten eines Betroffenen
2. Auflage, 48 Seiten, 10 Karikaturen von Klaus G. Müller, kartoniert

Ein heiterer Gedichtband mit Illustrationen, der die Schwächen des christlichen Alltags trefflich und pointiert ins Visier nimmt. 54 Gedichte im Eugen-Roth-Stil für Suchende, Verirrte, Verwirrte, für jeden (Super-)Christen und für den, der keine Zeit zum müßigen Lesen hat. Ideales Geschenk für Patienten, Pfarrer, Nichtpfarrer, Über- und Nebenchristen, Sektierer und Frischbekehrte und alle, die hintergründigen Humor lieben.

Gott heilt auch dich
Seelische und körperliche Heilung durch einen lebendigen Glauben
5. Auflage, 96 Seiten, kartoniert

Hier wird eine christlich orientierte Lebenshilfe angeboten. Heilung ist möglich, wenn Selbstannahme, Vergebung und Hören auf Gottes Handeln geübt werden. Erfahrungen aus Gebetsgruppen sowie authentische Heilungs- und Glaubenszeugnisse liegen zugrunde. Ein befreiendes Buch über die Voraussetzungen von Heilungen. Ein Buch über die ersten Begegnungen mit Christen aus der Charismatischen Erneuerung und über die daraus folgenden Konsequenzen.

Und heilt alle deine Gebrechen
Psychotherapie in christlicher Sicht
2. Auflage, 144 Seiten, kartoniert

Eine längst fällige Einführung in die biblisch-christliche Psychotherapie und Psychiatrie. Der Autor ermutigt zu einer biblischen Psychosomatik und setzt sich kritisch mit den herkömmlichen Therapieverfahren auseinander. Er warnt vor den Gefahren des alternativen Psychomarkts und bringt

Beispiele christlicher Therapieverfahren aus seiner eigenen Praxis. Auf Grund der Zusage Gottes erfahren Menschen Heilung und Wiederherstellung, und zwar an Leib und Seele.

Lebensängste und Begegnung mit Gott
2. Auflage, 160 Seiten, kartoniert

Über die Entstehung hysterischer, depressiver, aggressiver und ängstlicher Verhaltensweisen; über Zwänge und religiöse Nöte. Die Voraussetzungen von Heilungen werden aus psychologischer und biblischer Sicht in verständlicher Weise dargelegt. Der Autor geht der Frage nach, inwieweit falsche Gottesbilder neurotisch machen und warum Gott Schmerz zuläßt. Eine vorbehaltlose Hinwendung zu Gott kann Ängste verwandeln, Schuld vergeben und neue Lebensfreude entstehen lassen.

Wege zum geistlichen Leben
2. Auflage, 128 Seiten, kartoniert

Es gibt Leute, die Gott suchen und froh sind, daß sie ihn nicht finden, weil sie sonst ein kompromißloses und konsequentes Leben führen müßten. Hier aber ist praktische Hilfe zu einem erlösten und gesunden christlichen Leben geboten. Es werden normale und krankhafte Formen religiösen Lebens dargestellt; ebenso wird eine Spiritualität dargeboten, die mit normalen Problemen und Grenzerfahrungen zu tun haben darf. Der Verfasser warnt vor Irrwegen und Abwegen im Okkultismus.

Stell dein Licht auf den Leuchter
Verständnis und Mißverständnis christlicher Demut
2. Auflage, 96 Seiten, kartoniert

Echte und falsche Demut werden untersucht. Es geht um die Darstellung versteckter Selbstablehnung und fragwürdiger Selbstlosigkeit. Was meinte Jesus mit Selbstverleugnung? Der Verfasser zeigt auf, daß falsche Bescheidenheit zu Eitelkeit neigt und in verkappter Form nach Anerkennung sucht. Es geht um die rechte Weise der Demut, die Mut macht zu den eigenen Fähigkeiten, die auch gut zu sich selber sein kann und sich nicht vor Auseinandersetzungen scheut.